사랑과 봉사를 실천한 사람들

슈바이처

김양순 글 • 강인춘 그림

알베르트 슈바이처는 1875년 1월 14일, 독일 알자스 지방의 카이저스베르크에서 태어났어요.
"이 아기는 건강해지기 어렵겠는데요."
의사가 말했어요. 하지만 알베르트는 어머니의 정성스런 보살핌으로 건강하게 자랐어요.
어느 따스한 봄날, 어린 알베르트는 무심코 꽃에 앉은 벌을 건드리다 벌에 쏘이고 말았어요.
"아얏, 아파! 엉엉엉!"
알베르트의 울음소리에 아버지가 깜짝 놀라 달려왔어요. 아버지는 알베르트의 손에 약을 발라 주며 말했지요.
"앞으로 벌을 건드리지 말아라. 살아 있는 것은 작은 벌레라도 소중하단다."
 어린 알베르트는 말없이 고개를 끄덕였어요.

* 알자스 지방 : 지금은 프랑스 땅이지만, 그 때는 독일 땅이었어요.

알베르트가 혼자서 거리를 걷고 있었어요.
그 때, 몸집이 큰 아이가 달려와 비웃으며 말했어요.
"이봐, 도련님! 나랑 한번 겨뤄 볼래?"
"난 너와 싸우고 싶지 않아!"
아이들이 두 소년의 주위로 몰려들었지요.
큰 아이가 계속 싸움을 걸어 오자, 할 수 없이
알베르트는 그 아이를 주먹으로 때려뉘었어요.
"나도 너처럼 날마다 고기 수프를 먹는다면,
너한테 절대 지지 않을 거야."
이 말을 듣고 알베르트는 곰곰이 생각해 보았답니다.
'이제야 알겠어. 왜 아이들이 날 싫어하는지……'
아이들은 알베르트가 부잣집 아이라서
싫어했던 거예요.

그 날 저녁, 알베르트는 고기 수프에 손도 대지 않았어요.
"알베르트, 어디 아프니?"
어머니는 걱정스러운 얼굴로 알베르트에게 물었어요.
'이제부터는 절대로 고기 수프는 먹지 않을 테야.'
알베르트는 아무 말도 하지 않고 혼자 다짐했어요.
다음 날 아침, 알베르트는 새 외투를 입으려 하지 않았어요.
"우리 마을에는 좋은 외투를 입고 다니는 아이들이
하나도 없잖아요. 그래서 저도 입을 수 없어요."
어머니는 마을 아이들과 똑같아 보이고 싶어하는
알베르트의 마음을 알아차렸어요.
그래서 말없이 알베르트를 꼭 안아 주었답니다.

어느 날, 알베르트는 어머니와 함께 말스페르트 공원으로
산책을 갔어요. 그 공원에는 유명한 해군 제독의 동상이 서
있었어요.
그런데 제독의 발밑에는 흑인이 조각되어 있었지요.
"엄마, 제독의 발밑에 있는 저 사람은 누구예요?
얼굴이 무척 슬퍼 보여요."
"아프리카에 살고 있는 흑인을 조각한 건데,
그 곳 사람들은 참으로 어렵게 생활하고 있어서
그렇단다."
알베르트는 마음이 아팠어요.
'아, 정말 가엾구나! 내가 저 불쌍한 흑인들을
도와 줄 수 있다면 얼마나 좋을까?'
이 때부터 알베르트는 아프리카에
관심을 갖게 되었어요.

어느덧 알베르트는 중학교에 들어갔어요.
"여러분 중에서 음악 성적이 가장 좋은 사람에게
교회에 있는 오르간을 연주할 수 있게 해 주겠어요."
알베르트는 열심히 연습을 했어요.
교회에서 오르간을 연주하는 것은 알베르트가
오랫동안 꿈꾸어 왔던 일이었기 때문이지요.

알베르트는 음악적 재능을 인정받아
교회에서 오르간을 연주하게
되었어요.
"알베르트, 정말 훌륭한 솜씨야!"
모두가 알베르트의 연주 실력에
감탄했어요.

대학에 들어간 알베르트는 신학과 철학을 공부했어요.
열심히 공부한 끝에 스물네 살 때는 철학 박사가 되었고,
그 다음 해에는 신학 박사가 되었어요.
이 때부터 알베르트는 슈바이처 박사라고 불리게 되었답니다.
어느 날, 슈바이처는 우연히 신학 잡지에서 '아프리카의 콩고
지방에서 필요로 하는 것' 이라는 기사를 읽게 되었어요.
'이 곳에는 전염병이 퍼져 사람들이 죽어 가고 있습니다.
이 곳의 형제들을 도와 줄 의사가 필요합니다.'
슈바이처는 두 주먹을 불끈 쥐고 중얼거렸어요.
"이제 무엇에 내 일생을 바쳐야 할 것인지를 결정했어.
의사가 되어 아프리카로 가는 거야."
가족들은 몹시 반대했지만, 슈바이처의 굳은 결심을
꺾을 수는 없었답니다.

슈바이처는 서른 살 때 다시 학교에 들어가 의학 공부를 했어요. 슈바이처 옆에는 항상 여자 친구 헬레네가 있었지요.
"저도 간호사가 되는 공부를 해서 도와 드릴게요."
"고맙소, 헬레네!"
드디어 슈바이처는 6년 만에 의사가 되었어요.
1912년 6월, 슈바이처와 헬레네는 결혼했답니다.
"헬레네, 우리 오르간 연주 여행을 떠나는 것이 어떻겠소?"
"좋은 생각이에요."
슈바이처는 연주회에서 벌어들인 돈으로 의약품을 샀어요.
1913년, 슈바이처 부부는 아프리카로 떠나는 배에 올랐어요.
배웅 나온 사람들이 손을 흔들어 주었지요.

슈바이처 부부는 아프리카 랑바레네에 도착했어요.
며칠 후, 흑인 환자들이 모여들기 시작했지요.
"선생님이 오셨다는 이야기를 듣고 달려왔어요."
"제발 이 아픈 몸을 고쳐 주세요."
슈바이처 부부는 우선 닭장을 병원으로 고쳤어요.
그리고 온 정성을 다하여 환자들을 치료해 주었답니다.
밤이 되자, 두 사람의 몸은 온통 땀으로 젖어 있었지요.
"헬레네, 당신에게 이런 고생을 시켜 정말 미안하오."
"아니에요. 우리를 필요로 하는 사람들이 이렇게 많은 걸
보니, 이 곳에 오기를 정말 잘 했다고 생각해요."
슈바이처 부부는 서로를 격려해 주었어요.

그러던 어느 날, 이웃 마을에서 한 흑인이
실려 왔어요. 그 흑인은 수술을 해야 하는 매우
위험한 상태였지요.
"자, 두려워하지 말아요."
슈바이처는 흑인의 머리에 손을 얹고 부드럽게 말했어요.
"당신은 지금부터 잠을 자게 됩니다. 그리고 잠에서 깨어나면
더 이상 아프지 않을 것입니다."
슈바이처는 마취 주사를 놓고 수술을 하기 시작했어요.
마침내 수술이 끝나고 환자가 깨어났어요.
"선생님, 이제는 아프지 않아요!"
이 소식이 온 마을에 알려지자, 그 동안 슈바이처를
믿지 못했던 사람들까지 찾아와 치료를 받았어요.

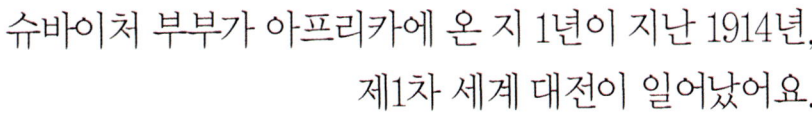

슈바이처 부부가 아프리카에 온 지 1년이 지난 1914년, 제1차 세계 대전이 일어났어요.
독일은 프랑스, 영국, 미국 등 연합군과 싸웠어요.
어느 날, 프랑스 병사들이 병원으로 들이닥쳤어요.
"무슨 일이오?"
"당신은 독일 사람이죠? 그러니 우리의 적입니다."
슈바이처 부부는 포로 수용소에서 생활하게 되었어요.
수용소의 생활은 견디기 힘들 만큼 고통스러웠지요.
그러나 슈바이처의 마음 속에는 한 가지 생각뿐이었답니다.
'전쟁이 끝나면 다시 아프리카로 돌아가야지.'
슈바이처는 수용소에서도
환자들을 계속 돌보았어요.

1918년, 드디어 슈바이처 부부는 수용소에서 풀려났어요.
독일과 프랑스 사이에 포로 교환이 이루어졌기 때문이에요.
마침내 슈바이처 부부는 고향으로 돌아왔어요.
"아버지, 살아 계셨군요! 그런데 어머니는요?"
"알베르트, 너의 어머니는……."
아버지는 더 이상 말을 잇지 못했어요. 어머니는 돌아가셨던 거예요. 슈바이처는 아버지를 얼싸안고 눈물을 흘렸어요.
슈바이처는 여러 곳에서 초청을 받아 강의를 했어요.
슈바이처에게 아프리카 이야기를 들은 많은 사람들이 서로 돕겠다고 나섰지요. 또한 슈바이처는 아프리카에서 있었던 일들을 책으로 내기도 했어요. 슈바이처는 목표로 한 돈을 다 모아 아프리카로 떠날 날을 손꼽아 기다렸어요.

1924년, 슈바이처는 7년 만에 다시 아프리카로 떠났어요.
건강이 나빠진 헬레네와 어린 딸은 고향에 남겨 두었지요.
그런데 아프리카로 돌아온 슈바이처는 눈앞이 캄캄했어요.
어렵게 지은 병원이 온통 나무와 덩굴로 덮여 있었던 거예요.
'우선 뚫린 지붕부터 고쳐야겠다.'
슈바이처는 함께 간 길레스피라는 청년과 병원을 고치기
시작했어요. 금세 흑인 환자들이 몰려들었답니다.
'하느님, 죽어 가는 사람들을 살릴 수 있는 기회를 제게 주셔서
정말 감사합니다!'
슈바이처는 환자들 모두를 사랑으로 치료해 주었어요. 얼마 후,
슈바이처를 돕겠다고 의사와 간호사들이 랑바레네로 왔어요.
슈바이처는 땅을 다지고 나무를 베어 더 큰 병원을 지었지요.
병원 주위에는 밭을 일구어 과일과 채소 등을 심었답니다.

어느 날, 슈바이처는 죽어 가는 원숭이를 발견했어요.
"저 가엾은 원숭이를 빨리 우리 병원으로 옮겨 주게."
슈바이처는 그 원숭이를 밤새워 치료해 주었어요.
그 뒤로 흑인들은 다친 동물들을 슈바이처에게 끌고 왔어요.
그 때마다 슈바이처는 수고한 값으로 돈을 주었어요.
어느 날, 욕심쟁이 흑인이 펠리컨의 집을 덮쳐 새끼를 잡아
슈바이처에게 데리고 왔어요.
"이 펠리컨 새끼를 내버려 두면 죽을 것입니다."
슈바이처는 흑인에게 돈을 주며 타일렀어요.
"어떤 동물에게도 나쁜 짓을 해서는 안 되네."
이처럼 슈바이처는 동물의 생명까지 소중하게 여겼어요.

1952년, 슈바이처는 노벨 평화상을 받았어요.
노벨상 수상 소식을 들은 슈바이처는 매우 기뻐했어요.
"이 상은 나와 함께 열심히 일해 온 우리 병원 가족 모두에게
주는 것이라고 생각합니다."
슈바이처는 노벨 상으로 받은 상금 모두를 나병 환자들을
위한 마을을 만드는 데 썼어요.
그 뒤로도 슈바이처는 흑인들을 위해 계속 일하다가,
1965년 9월 4일 밤에 조용히 숨을 거두었어요.
사람들은 한평생 아프리카에서 흑인들을 위해 온몸을 바친
슈바이처를 '밀림의 성자' 라고 불렀답니다.

슈바이처의 발자취

(1875 ~ 1965년)

1875년	독일 알자스 지방의 카이저스베르크에서 태어남
1898년	파리의 소르본 대학에 입학함
1899년	철학 박사 학위를 받음
1900년	신학 박사 학위를 받음
1902년	스트라스부르 대학 강사가 됨
1904년	신학 잡지를 읽고 아프리카에 갈 것을 결심함
1905년	의학 공부를 시작함
1911년	의사 자격 시험에 합격함
1912년	헬레네와 결혼함
1913년	아내와 함께 아프리카로 떠남
1914년	제1차 세계 대전이 일어나 프랑스 군의 포로가 됨

▶ 동물을 돌보는 슈바이처

▲ 슈바이처 병원의 모습

▲ 슈바이처가 맨 처음 병원을 열었던 랑바레네

▲ 아프리카 흑인들을 위해 온몸을 바친 슈바이처

1917년　프랑스의 포로 수용소에 갇힘
1918년　포로 수용소에서 풀려나 독일로 돌아옴
1952년　노벨 평화상을 받음
1965년　9월 4일, 랑바레네에서 세상을 떠남

병원을 둘러보는 슈바이처 ▶

사랑과 봉사를 실천한 사람들
슈바이처

노벨 평화상을 받은 슈바이처

　노벨 상은 노벨의 유언에 따라 만들어진 세계에서 가장 권위 있는 상이에요. 다이너마이트의 발명으로 세계적인 부자가 된 노벨은 전세계 사람들을 위해 크게 이바지한 사람들에게 상을 주라는 유언장과 함께 큰 돈을 노벨 상 기금으로 스웨덴 왕립 과학 아카데미에 맡겼어요. 아카데미는 이 기금으로 노벨 재단을 만들고 해마다 기금에서 생기는 이자로 노벨 상을 주고 있어요.

　노벨 상은 물리학, 화학, 의학 및 생리학, 문학, 평화의 5개 부문이 있어요. 노벨 평화상은 세계 인류 평화에 이바지한 사람에게 준다고 해요. 아프리카 밀림 지대에서 의료 혜택을 못 받고 죽어 가는 원주민들을 위하여, 평생을 사랑으로 봉사한 슈바이처가 노벨 상을 받은 것은 어쩌면 당연한 일이 아닐까요?